HIRZA,

TRAGÉDIE;

PAR M. DE SAUVIGNY:

Repréſentée, pour la premiere fois, par les Comédiens ordinaires du Roi, le Mercredi, 27 Mai 1767.

Puiſſe de Monréal l'exemple malheureux
Arracher à vos yeux des larmes ſalutaires.
Henr.

Le Prix eſt de 1 liv. 10 ſols.

A PARIS,

Chez la veuve DUCHESNE, Libraire, rue S. Jacques, au-deſſous de la Fontaine S. Benoît, au Temple du Goût.

M. DCC. LXVII.

AVEC APPROBATION.

PRÉFACE.

LE desir de la vengeance, l'ambition, l'amour, la jalousie ont souvent fait des traîtres; & l'intérêt mal-entendu de quelques Citoyens revêtus d'un pouvoir passager, a presque toujours occasionné le malheur des peuples qui, loin des yeux du Souverain, sont dans la dure nécessité de leur obéir.

Frappé de cette grande vérité, j'ai voulu la mettre sur la scene; mais des raisons malheureusement invincibles m'ont empêché d'exécuter mon plan d'une maniere aussi étendue que je l'avois conçu. Elles m'ont même arrêté quelque tems; cependant le plaisir de peindre un pays & des hommes nouveaux l'a emporté; j'ai cru qu'il en résulteroit peut-être quelques beautés que je devrois au ſujet. Plus je l'ai médité, plus j'ai ſenti mon enthouſiaſme croître & mon ame s'élever, plus le ſujet m'a paru vraiment tragique & moral ; deux choſes que l'on doit réunir autant qu'il eſt poſſible.

Pour mettre en oppoſition les mœurs des Sauvages avec celles du peuple le plus policé de l'Europe, j'ai choiſi deux hommes de chaque Nation ; l'un a les vertus, l'autre les vices de ſon pays ; & j'ai voulu, en déployant leurs caracteres, faire marcher de front ces quatre perſonnages.

Pluſieurs Officiers du Canada que j'ai conſultés, m'ont aſſuré que les Sauvages, accoutumés à vivre avec les Européens & ſi ſouvent trompés par eux, ſont devenus très-méchans, & tels à-peu-près que j'ai cherché à peindre Oukéa.

Les autres, qu'on nomme les Sauvages *d'en-haut*, avec moins de paſſions & de beſoins, ſont plus déſintéreſſés, plus francs ; ils ſuivent preſque machinalement les impulſions ſubites du cœur, ces premiers mouvemens de la pitié qui nous rendent généreux & bons ; car, comme dit un Auteur célèbre, » qu'eſt-ce que la générofité, » la clémence, l'humanité, ſinon la pitié » appliquée aux foibles, aux coupables ou » à l'eſpece humaine en général « ?

Ces Sauvages, uniquement occupés de la chaſſe ou de la guerre, ne connoiſſent à-peu-près que le phyſique de l'amour (*a*). Si j'ai donné un ſentiment plus tendre à la femme, ſon amour eſt l'ouvrage d'un François.

Ce n'eſt point dans la vue de faire des vers pompeux, mais ſeulement pour pein-

(*a*) M. Rouſſeau, égalité des conditions.

Le phyſique de l'amour eſt ce deſir général qui porte un ſexe à s'unir à l'autre ; le moral eſt ce qui détermine ce deſir & le fixe ſur un ſeul objet excluſivement, ou qui, du moins, lui donne, pour cet objet préféré, un plus grand degré d'énergie : or il eſt facile de voir que le moral de l'amour eſt un ſentiment factice, né de l'uſage de la ſociété, & célébré par les femmes avec beaucoup d'habileté & de ſoin, pour établir leur empire & rendre dominant le ſexe qui devroit obéir.... Le Sauvage écoute le tempérament qu'il a reçu de la nature, & non le goût qu'il n'a pû acquérir

dre avec des couleurs plus vraies, que j'ai donné un langage figuré à mes Sauvages. Je n'ai voulu employer, autant qu'il m'a été possible, que les images qui leur sont propres & qui ne choquent point nos idées.

J'ai mis en usage le Calumet & les Colliers, parce que le *Calumet* est une sorte de passe-port, & les *Colliers* sont les garants de tous les traités qui se font; les *Manitous* sont à-peu-près comme les Dieux Pénates des Payens; chaque Sauvage s'en choisit un à sa fantaisie, & le porte toujours sur soi. Il fait gloire de vaincre la douleur & les tourmens; il ne pleure la mort de ses parens qu'un an après les avoir perdus : c'est au plus célèbre Guerrier à faire l'éloge d'un Guerrier qui vient de mourir, en rappellant ce qu'il a fait de plus mémorable. Ils ont des chansons de guerre & de mort, telles à-peu-près que celles qui finissent le Ier Acte.

J'entrerai dans de plus grands détails à ce sujet dans un petit Ouvrage sur le Canada que je ferai paroître inceſſamment. Je dirai en paſſant que les Sauvages qui veulent faire l'éloge d'un Européen, lui diſent, *tu es un homme comme nous*. Ils n'attribuent point les mauvaiſes actions des hommes à la méchanceté du cœur, mais à la folie, à l'égarement de l'eſprit; c'eſt peut-être une des choſes qui prouve le mieux que l'homme n'eſt pas né méchant.

J'avois imaginé qu'un fils voyant le fer levé ſur ſon pere, & ſe précipitant au-devant du coup pour le recevoir, pourroit ne pas déplaire. Je croyois que, loin de paſſer pour un *eſcamotage*, cette action ſeroit trouvée naturelle & convenable : j'oſe le croire encore; & ſi ce dénouement n'a pas plû, c'eſt qu'il n'étoit pas amené avec aſſez d'art, & que, loin d'intéreſſer pour Hirza, il la rendoit odieuſe. J'ai donc été obligé d'en revenir au premier dénouement que j'avois imaginé & que je croyois devoir faire moins d'effet, parce qu'il étoit plus ſimple. Puiſque le Public l'a agréé, je m'en applaudis : Hirza en est devenue plus intéressante. Je conçois que c'est l'intérêt qui doit être le premier mérite d'un Ouvrage fait pour être représenté.

Je mets ici la premiere Approbation de ma Piece, qui a été reçue sous le titre des *Sauvages*.

J'ai lû, par ordre de M. le Lieutenant-Général de Police, *les Sauvages*, *Tragédie*; & je crois qu'on peut en permettre la représentation. A Paris, ce 9 Novembre 1765. MARIN.

Vû l'Approbation, permis de représenter; ce 11 Novembre 1765. DE SARTINE.

HIRZA.

HIRZA,

TRAGÉDIE.

A

PERSONNAGES.

HIRZA.	Mlle. DUBOIS.
MONRÉAL.	M. MOLÉ.
HIASKAR, *Chef de Guerre.*	M. LE KAIN.
MONRÉAL, *pere.*	M. BRIZARD.
OUKEA, *Chef du Conseil des Vieillards.*	M. D'AUBERVAL.

HIRZA,
TRAGÉDIE.

ACTE PREMIER.

On voit dans l'enfoncement le Saut de Niagara. D'un côté, des rochers, des cabannes & quelques arbres; de l'autre, un tombeau élevé sur des piliers matachés, & décoré de chevelures en forme de trophée; au pied du tombeau est un Autel sur lequel sont les armes du Défunt, ses flèches, son casse-tête & son manitou. Hiaskar est appuyé & paroît consterné; les autres Guerriers, le Conseil des Vieillards, Oukéa & plusieurs Femmes sauvages sont épars çà & là dans des attitudes de douleur & de désespoir: Hirza est au milieu. Elle regarde le tombeau de son pere, & laisse voir plus de colere que d'abattement.

SCENE PREMIERE.

HIASKAR, HIRZA, OUKEA, VIEILLARDS, GUERRIERS, FEMMES SAUVAGES.

HIASKAR.

Sur ta tombe, ô Thamar, les Illinois gémissent!
Ces huttes, ces rochers de leurs cris retentissent!

Et nos Dieux sont par nous vainement implorés !
Ils ont vu les François de ton sang enivrés,
Sans pouvoir t'arracher à leur glaive homicide !
Appui du Canada, notre Chef intrépide,
Aussi prompt que les vents, eût fait voler la mort
Des remparts de Québec aux monts du Labrador :
C'est du sang des François qu'il cimentoit sa gloire ;
Et le nom de Thamar vivra dans leur mémoire.
Triste Niagara, séjour craint de nos Dieux,
Vous, rochers menaçans, & vous, flots furieux,
Qui des monts inégaux couvrant les vastes cimes
Tombez en mugissant d'abîmes en abîmes,
Vous avez vu briser le calumet de paix,
Par un monstre animé sous la main des François :
Un vaisseau qui des flots s'élevant jusqu'aux nues
Agitoit dans les airs ses ailes étendues,
De longs tubes d'airain qu'il portoit dans ses flancs
Frappoient d'un bruit affreux les monts retentissans :
Sous tes pieds, ô Thamar, tu sens trembler la terre ;
Tu cours, la flamme en main, défiant le tonnerre,
Abîmer dans les eaux ce colosse odieux,
Qui de son poids énorme eût accablé ces lieux.
Nous étions sous ta garde, à l'abri des tempêtes :
La hache des François vient de frapper nos têtes.
Pleurons, amis, pleurons, notre soutien n'est plus :
L'Europe est triomphante & nos Dieux sont vaincus.

HIRZA.

Quoi ! t ..., Hiaskar, est ouverte à la plainte !
Compa ... Thamar, connoîtrois-tu la crainte ?
Garde ... ir, par un si lâche effroi,
Tes Die ... pays, & nos Guerriers & toi.
Du me ... Hirza. Thamar étoit mon pere :
Hélas ! ... l'aimois, moi qui lui fus si chere,
A ... tombe éclater mes douleurs ?
Que le ... François y coule avant nos pleurs.
J'emb ... spoir ; il plaît à mon courage.
App ... femme à repousser l'outrage ;
Ven ... s : un Dieu de notre honneur jaloux,
Un Di ... parlé, marchera devant vous.
Mais ... ? un revers aura pu vous abattre !
Ciel ! ... vous pleurez, vous qui pouvez com-
... e !
Vous ... donc pas nos farouches vainqueurs,
Dans ... re joie, insulter à vos pleurs ?
Vous ... donc pas les mânes de mon pere,
Dans ... la mort frémissant de colere,
Rep ... veux ce qu'il a fait pour vous !
Quan ... efs revenoient sanglans, percés de
... s,
Qua ... oient en proie à la fureur des armes,

Ne leur prodiguoit-il que d'impuissantes larmes ?
Il couroit les venger : imitez sa valeur ;
Et sacrifiant tout à ma juste fureur,
Allez, pour appaiser son sang qui fume encore,
Frapper, exterminer des monstres que j'abhorre.

HIASKAR.

Si je perdois l'espoir de remplir tes souhaits,
Je t'avouerois ma honte, & je m'en punirois.
Va, crois en Hiaskar ; étouffe un vain murmure :
Ta fureur est aveugle & ma haine est plus sûre.
Courir en téméraire au devant du danger,
C'est hâter sa défaite, & non pas se venger.
Nos Vainqueurs sont armés par un pouvoir céleste,
Veux-tu de nos Guerriers voir immoler le reste ?
Veux-tu voir enchaîner par ces Tyrans heureux,
Nos femmes, nos enfans, & toi-même avec eux ?

HIRZA.

Que dis-tu ? des François moi subir l'esclavage !
S'ils ont le bras d'un Dieu, j'ai le cœur d'un Sauvage ;
Je sais mourir.

OUKEA.

Arrête. Il ne nous suffit pas

De mourir : il faut vaincre ; il faut dans nos combats,
Consultant la prudence autant que le courage,
Ne rabaisser jamais l'orgueil du nom Sauvage.
L'adresse contre nous fait plus que la valeur ;
Que l'exemple nous serve, & qu'un peuple trompeur,
Lui-même sous ses pieds creusant un précipice,
Soit la victime enfin de son propre artifice.
Il est tems de venger ton pere & nos climats.
L'Europe a des Tyrans qui nous tendent les bras,
L'un à l'autre opposons ces fléaux de la terre,
Et qu'ils soient seuls en bute aux horreurs de la guerre.

HIASKAR (*à Hirza.*)

Tu dois prêter l'oreille aux discours d'Oukéa.
Au Conseil des Viellards sa vertu le plaça ;
Thamar l'y consultoit & sa voix y préside :
Que sa lumiere, Hirza, désormais soit ton guide.
(*A Oukéa.*)
Et toi, daigne te rendre aux vœux des Illinois.
Nos Vieillards, nos Guerriers te parlent par ma voix.
Tous, d'un commun suffrage honorant ta prudence,
De Thamar en tes mains remettent la puissance,
(*Montrant Hirza.*)
Jusqu'au jour, où son choix tombant sur un de nous,
Fera revivre enfin Thamar dans son époux.

OUKEA.

Je crains trop, Illinois, que de mon caractere
La rudesse inflexible & l'équité sévere,
En voulant vous servir, ne révoltent vos cœurs.

HIRZA.

Qu'importe, si tu peux réparer nos malheurs ?

OUKEA (*montrant Hiaskar.*)

Tu le veux, j'y consens. Mais il t'aime ; & j'espere
Que l'offre de sa main......

HIRZA.

A-t-il vengé mon pere,
Lui, qui l'a vu mourir ? Je connois mon devoir.
Quand les Chefs ennemis seront en mon pouvoir ;
Quand, mes yeux les voyant au milieu des tortures,
Je pourrai de mes mains déchirer leurs blessures ;
Quand leurs crânes sanglans sur sa tombe entassés
Calmeront de Thamar les mânes courroucés,
Alors mon choix est fait.

HIASKAR.

Je pénetre ton ame.

Et ce jeune François qu'un fol honneur enflamme,
Qui, poursuivi des siens s'est jetté dans nos bras,
Est celui qu'en secret....

HIRZA.

Je ne m'en défends pas.
Oui, j'aime Monréal, sa valeur m'a dû plaire.
Et j'ai du moins, ingrats, ce reproche à vous faire,
Qu'entre tant de Guerriers un seul n'ose aujourd'hui
Devenir mon vengeur & s'égaler à lui.
Monréal vous apprit l'art sanglant de la guerre ;
Assez les Alliés de la fiere Angleterre
Ont élevé sa gloire en tombant sous ses coups.
Aujourd'hui triomphant, il revient parmi nous :
Puisque vous trahissez ma plus chere espérance,
C'est de lui seul ici que j'attends la vengeance.

OUKEA.

Eh quoi ! sur des François ?

HIRZA.

Oui sans doute, sur eux.
Ce Guerrier opprimé par leur Chef orgueilleux,
A droit de s'en venger, autant que moi peut-être.
Fils malheureux, la France à peine le vit naître,
Que son pere, à regret s'arrachant de ses bras,

Vint chercher parmi nous la gloire & les combats.
Le Tyran de Québec, éveillé par l'envie,
Fontalbar a noirci, persécuté sa vie :
Et pour comble d'horreurs, arrivé dans ces lieux,
Le fils n'éprouva pas un sort moins rigoureux.
Oukéa, j'attends tout de ce Héros que j'aime ;
Il vengera mon pere, & le sien & lui-même.
Ma main est à ce prix.

OUKEA.

O Ciel ! lui, ton époux !
Notre Chef, un François !

HIRZA.

Il ne l'est plus pour nous.
Et s'il peut à mon gré.....

OUKEA.

Quel horrible langage !
Avant qu'à ton pays tu fasses cet outrage,
Dans son sang ennemi....

HIRZA.

Tu plongerois ton bras!
Songe à tous ses exploits.

OUKEA.

Je crains ses attentats.

HIRZA.

Quoi ! l'ami de Thamar....

OUKEA.

Est-il digne de l'être ?

HIRZA.

Sans doute, s'il nous venge.

OUKEA.

En est-il moins un traître ?
Quelque ressentiment qui puisse l'animer,
Plus il fera pour toi, moins tu dois l'estimer.

HIRZA.

Quoi ! parmi les écueils, & la foudre, & les ondes,
Pour retrouver un pere il parcourt les deux mondes,
Il arrive, il apprend que son pere est aux fers,
Que Québec l'abandonne aux complots des pervers,
Et qu'en secret peut-être on a tranché sa vie ;
Il voit même, à son tour, la sienne poursuivie ;
Et quand, réduit à fuir, il échappe au trépas,

Il n'aura pas le droit de punir des ingrats,
De venger son ami, son amante, son pere!
J'en appelle à ton cœur; il est juste & sincere.
Depuis cinq ans entiers il a vaincu pour nous;
S'il fut vil à vos yeux, pourquoi l'adoptiez-vous?
Deux cents de nos Guerriers, guidés par son courage,
Chez les Onontaguès ont porté le ravage:
Revenant triomphant, ce généreux François
Se verra donc puni de ses propres bienfaits?

OUKEA.

Non, sans doute; & l'on doit honorer sa vaillance;
Mais faut-il sur lui seul fondant ton espérance,
Braver au même instant l'Algonkin, le Huron,
Et l'Iroquois farouche, & Québec & Boston?
Quoi! trente Nations, à s'armer toutes prêtes,
De cent lieux différens menaceront nos têtes,
Et tu crois, sous son ombre, être à l'abri des coups
De ces vents opposés qui vont fondre sur nous!
Et tu veux, avec lui sur ces bords arrêtée,
Partager de Thamar la natte ensanglantée,
En nous précipitant dans de nouveaux combats!
Non, ces Guerriers, ni moi, n'y consentirons pas.

HIASKAR.

Puisqu'aux murs de Québec il faut porter la guerre,

Entre l'Anglois & nous applaniſſons la terre ;
Nous le verrons bientôt à nos voix accourir :
Alors nous reviendrons, & s'il nous faut périr,
Nous ſignalant du moins par des faits magnanimes,
Nous mourrons en Héros & non pas en victimes.

(*Ils ſortent.*)

SCENE II.

HIRZA, FEMMES SAUVAGES.

HIRZA.

Mon pere, toi qu'Hirza porte au fond de ſon cœur,
Inſpire à nos Guerriers cette intrépide ardeur,
Par qui tu fus toujours ſi vaillant, ſi terrible.
Tu connois de mon cœur le penchant invincible ;
Il n'en ſera pas moins dans ſa haine affermi.
Monréal eſt François ; mais il eſt ton ami ;
Et, ta fille en ce jour réclamant ſa tendreſſe,
L'amour attiſera ſa fureur vengereſſe....
Mais ſi, n'oſant tenter le haſard des combats,
L'Ennemi dans un piége eût arrêté ſes pas,
Ah Dieux !.... l'air retentit de cent cris d'allégreſſe.

Mon Vengeur va paroître : il accourt, il s'empresse.
(*Elle le voit.*)
Volons.... A son aspect que mes sens sont émus !
Comment lui dire, hélas ! que mon pere n'est plus.

SCENE III.

MONREAL, (*précédé de beaucoup de Guerriers, & suivi des Iroquois qu'il a vaincus.*)
HIRZA, FEMMES SAUVAGES.

MONRÉAL.

LE cœur brûlant d'amour, & plein d'impatience,
Je reviens triomphant après deux ans d'absence,
Pour mériter ta main, pour obtenir ce prix,
Qu'ici Thamar, ton pere, à mes vœux a promis.
J'ai combattu long-tems l'Iroquois intrépide,
Rien n'a pu m'arrêter dans ma course rapide.
Je marchois secondé de tes fiers Illinois.
Le Nord du Canada tremblant à nos exploits,
A vu fuir devant nous cette horde sauvage,
Que l'Anglois façonnoit au frein de l'esclavage :
Et ces nombreux Guerriers, que mon bras a soumis,
Ont quitté leurs tyrans pour suivre des amis.

Tu peux séule à mes yeux embellir la victoire :
C'est de toi que j'attends mon bonheur & ma gloire.

HIRZA.

Sans doute, Monréal, tu connois comme moi
L'ascendant qui m'étonne & qui m'enchaîne à toi.
Tu m'as fait éprouver ce charme, que ton âge
Sait donner au malheur, & sur-tout au courage :
Oui, ce grand caractere & ce mépris des maux,
Ce noble orgueil empreint sur le front des Héros,
Et tes premiers exploits, & le vœu de mon pere,
Tout enivra mon cœur de l'orgueil de te plaire.
Mais sais-tu cependant que, malgré tes hauts faits,
Du Conseil des Vieillards les regards inquiets
Déja tombent sur toi ?

MONRÉAL.

J'ai vu leur défiance.
Quel est donc à leurs yeux mon crime ?

HIRZA.

Ta naissance.
Apprends que Fontalbar, le Chef de tes François,
A coupé les rameaux de l'arbre de la paix.

MONRÉAL.

Hirza, que m'apprends-tu ? Se peut-il que la guerre..

HIRZA.

La hache des Guerriers reposoit sous la terre ;
Thamar l'a retirée, hélas ! pour mon malheur.

MONRÉAL.

Qu'entends je ? Ciel ! Thamar... dissipe ma frayeur.
Je ne l'ai point revu. D'où vient que ton silence.... ?
(*Il détourne ses regards & voit le tombeau.*)
Que vois-je...? Ce tombeau.... Que faut-il que je pense ?

HIRZA.

Que ton ami n'est plus.

MONRÉAL.

O sort ! ô coup affreux !
O perte irréparable ! ami trop malheureux !

HIRZA.

Tu m'aimes ; ma fureur ne peut être trahie.
Ecoute, Monréal, le serment qui me lie,
Que Thamar a reçu dans nos derniers adieux,
Et que je renouvelle à la face des Dieux.
Si ce jour voit tomber une tête si chere,
Ma main te vengera, je le jure, ô mon pere !
Ou je ferai couler le sang de ton bourreau,
Ou quarante François te suivront au tombeau.

MONRÉAL.

MONRÉAL.

Et moi, par notre amour & tes Dieux que j'atteste ;
Je jure qu'au Vainqueur ce fer sera funeste.
De tes pleurs & des miens Fontalbar a joui ;
Mon cœur ne fut jamais malheureux que par lui.
On dit que ce Tyran a fatigué la France :
Que mes yeux jouiront d'une pleine vengeance
Je sens qu'elle est trop lente au gré de ma fureur.
J'arracherai mon pere à son lâche oppresseur.
Que m'importe quel sang vengera mon injure ?
Est-il donc des liens plus saints que la nature ?
Croit-on qu'impunément un Tyran detesté
Dans tout ce qui m'est cher m'aura persécuté ?

HIRZA.

Dans le fond de son cœur il nous croit sa conquête ;
Que ce torrent rapide à ton aspect s'arrête.
La liberté tremblante au fond de nos déserts
Voit des Dieux ennemis, tonnant du haut des airs,
D'un nouveau foudre armés, fondre à l'envi sur elle :
Sous leurs coups redoublés le Canada chancelle :
Force tous ses enfans, libres par tes exploits,
D'applaudir à ta gloire & d'admirer mon choix.
Mais, que veut Hiaskar ? (*L'on entend un bruit d'armes.*)

SCENE IV.

HIASKAR, MONRÉAL, HIRZA, FEMMES SAUVAGES, TROUPES DE GUERRIERS DE LA SUITE DE MONRÉAL, TROUPES DE GUERRIERS DE LA SUITE D'HIASKAR.

HIASKAR.

Faisons tête à l'orage;
Amis, voici l'inſtant de montrer un courage
Qui triomphe du ſort & brave les revers.
Nous n'avons que le choix du combat ou des fers.
L'étendard de la mort à nos yeux ſe déploie;
Et le François ſuperbe, en contemplant ſa proie,
D'un triomphe aſſuré ſemble déja jouir:
Mais il n'en jouira qu'à mon dernier ſoupir;
Et je vendrai ſi cher la victoire & ma vie,
Que je veux qu'à ma mort le Vainqueur porte envie.

MONRÉAL.

Il ne l'eſt pas encor.

(*A Hirza.*)

Va, compte ſur ma foi.
Je dois vaincre ſans doute en combattant pour toi.
(*Il ſort.*)

SCENE V.

HIASKAR, HIRZA, *Troupes de Guerriers Sauvages*, FEMMES SAUVAGES.

HIASKAR.

Sortez de vos tombeaux, mânes de nos ancêtres.
L'Europe oſe aſpirer à nous donner des maîtres :
Vous partagez l'affront dont on veut nous couvrir,
Venez voir vos enfans triompher ou mourir.
(*Il ſort.*)

SCENE VI.

HIRZA, FEMMES SAUVAGES.

HIRZA.

Grands Dieux, réveillez-vous au cri de la vengeance;
Voyez le Canada privé de ſa défenſe,

Le ſein meurtri des coups que l'Europe a portés,
Vous tendre en ſuppliant ſes bras enſanglantés.
Pourquoi céderiez-vous l'Empire de la terre?
A des Dieux étrangers, arrachez le tonnerre;
Faites baiſſer leurs fronts ſous vos pas triomphans;
Relevez vos Autels & vengez vos enfans.

Fin du premier Acte.

ACTE II.

SCENE PREMIERE.

OUKEA, HIASKAR.

OUKEA.

QU'HIRZA, de Monréal admirant les exploits,
Sur l'Amant qui la venge ait fait tomber son choix,
Je ne peux que la plaindre en voyant sa foiblesse ;
J'applaudis à la cause & pardonne à l'ivresse :
Mais que tous nos Guerriers, pour un foible succès,
Aient sur leurs boucliers élevé ce François,
Qu'il nous ait fait si-tôt oublier qui nous sommes,
Que sous lui cet Esclave ait vû fléchir des hommes,
Que mon Chef soit un traître, aux siens même en horreur,
Je sens que cet affront rallume ma fureur,
Je saurai l'en punir.

HIASKAR.

Tu souillerois ta gloire.
Songes-tu qu'à son bras nous devons la victoire ?
Nos Freres terrassés trembloient de toutes parts ;
Mais lui les ranimant du feu de ses regards,
Soudain ils ont repris leur audace premiere.
Que son ame me plaît ! Qu'elle est sensible & fiere !

OUKEA.

Crois-moi, quand au combat ce jeune ambitieux
Des rayons de sa gloire éblouissoit tes yeux,
Il flattoit les vaincus, du moins je l'en soupçonne ;
J'ai surpris sa pitié, qui m'indigne & m'étonne :
De leur sang tout couvert, il voloit dans leurs rangs,
Et retenoit nos bras qui déchiroient leurs flancs.
Alors cent prisonniers assuroient la vengeance :
Nous allions des François vaincre la résistance :
A l'aspect de leurs corps sanglans & déchirés,
Desséchés dans la flamme & par nous dévorés,
Monréal a frémi, j'ai vû couler ses larmes ;
Je l'ai vû, s'élançant au milieu de nos armes...
» Arrêtez, crioit-il, j'ai creusé leur tombeau :
» Arrêtez ; par vos mains je deviens leur bourreau.
» Le sang m'unit peut-être à ces tristes victimes :
» Faut-il que leur trépas soit le fruit de mes crimes ?

Le désordre à ces mots a regné parmi nous.
Nos vieillards n'écoutant que leur juste courroux,
Opposoient à ses cris un cœur inéxorable ;
Quand soudain s'est formé ce parti redoutable,
Que son bonheur enivre, & qui cherche aujourd'hui
L'honneur honteux de vaincre & de ramper sous lui.
Il peut avec sa gloire accroître sa puissance :
Quel frein l'arrêtera, lui qui trahit la France ?
Corrompu par le luxe & par la vanité,
Pourra-t-il s'élever jusqu'à la liberté ?
Non, sa fierté naissante a plié sous un maître :
En épousant Hirza, songez qu'il voudra l'être.
Il faut le prévenir par un dernier effort :
Puisqu'il veut notre honte, il faut vouloir sa mort.
Un bras sûr cette nuit à mes pieds va l'abattre.

HIASKAR.

Pourquoi l'assassiner, quand on peut le combattre ?
Quel indigne Guerrier sera son assassin ?
Qui d'un forfait si bas voudra souiller sa main ?
Qu'il paroisse, & c'est lui que je prends pour victime :
Dans son infâme sang je cours laver son crime.
Eh quoi ! la trahison, ce vice des ingrats,
Du plus grand des Guerriers hâteroit le trépas ?
Je suis loin d'applaudir à sa haine implacable :
Armé contre les siens, sans doute il est coupable :

Mais, combattant pour nous, peut-il l'être à nos yeux ?
S'il a porté trop haut ses vœux ambitieux,
Soit que l'espoir l'aveugle, ou que l'amour l'enflamme,
C'est à moi de le plaindre & d'éclairer son ame.
Si rien ne peut fléchir son orgueil indompté,
S'il est sourd à ma voix, j'entends la liberté
Qui me crie » Arme-toi : viens te couvrir de gloire :
» Des mains de ce Héros arrachant la victoire,
» Fais-lui voir en ce jour que, si son bras vainqueur
» Te surpasse en adresse, il te céde en valeur.

OUKEA.

Hé bien ! puisque tes yeux sont fermés sur ce traître,
Cher Hiaskar, écoute ; apprends à le connoître.
C'est au nom du Conseil que je te parle ici.
Ses desseins sont connus, & tout est éclairci.
Quand le vaillant Thamar & sa Horde guerriere,
Tombant sous Fontalbar, ont mordu la poussiere,
Monréal triomphant chez les Onontagués,
Monréal en secret revoyoit des François :
Ils lui sont encor chers : il nous hait ; il balance.
Devenu notre Chef, il va servir la France ;
Douze de ses Guerriers ont surpris ses discours ;
Et plus il fait pour nous, plus je crains ses détours.

Connois l'Européen ; connois sa politique,
Son cœur faux, & sur-tout son esprit tyrannique.
Son œil paroît blessé de rencontrer ici
Un peuple plus heureux & plus libre que lui.
S'il falloit aux complots de ce tyran perfide
N'opposer qu'un Guerrier généreux, intrépide,
Je te dirois » Ami, tu peux, quand tu voudras,
» Déployer contre lui la force de ton bras.
Mais des jeunes Guerriers tes yeux ont vû l'ivresse.
Crois que, s'il succomboit sous ta main vengeresse,
Leur fier ressentiment retomberoit sur toi.
Nos partis divisés, dans le trouble & l'effroi,
Tourneroient contre nous leurs fureurs sanguinaires
On verroit les enfans armés contre les peres,
Repoussant la nature en ces momens affreux,
Leur demander vengeance, ou la prendre sur eux.
Crois-moi, n'armons plutôt qu'une main ennemie :
Qu'elle frappe le traître & qu'elle en soit punie.
Que nous importe à nous ? Nous serons satisfaits.
Tu retiens sous ta hutte un prisonnier François,
Qui du sang Illinois vient de rougir la plaine ;
Tu connois sa valeur. Que son ame hautaine,
En servant son Pays, serve notre courroux :
Dans l'espoir d'être libre il combattra pour nous.
J'entends des cris guerriers. Monréal va paroître.
Nos Amans par l'hymen viennent s'unir peut-être :

Je saurai m'opposer un moment à leurs vœux.
Et toi, que la pitié sollicite pour eux,
Tu peux voir Monréal, & lui parler encore.
Mais s'il ne veut pas rompre un hymen que j'abhorre,
Qu'il meure.

SCENE II.

Les mêmes, HIRZA, MONREAL, GUERRIERS, FEMMES SAUVAGES.

HIRZA.

Heureux le jour où sur nos ennemis
Mon Amant a vengé mon pere & mon Pays!
Ils nous enveloppoient dans un piége perfide,
Déja grondoit sur nous leur tonnerre homicide,
Déja nous menaçoient leurs sanglans coutelas;
C'est lui, c'est ce Héros dont l'invincible bras,
Dans nos cœurs abattus ramenant le courage,
A fait un champ de morts de ce vaste rivage,
Et vengeur de Thamar, par ses heureux exploits,
A satisfait ma haine & mérité mon choix.

MONREAL.

Hirza, pour appaiser les mânes de ton pere,
Si mon zele aujourd'hui mérita de te plaire,

Achéve mon bonheur ; que le plus doux des nœuds
Au pied de ce tombeau nous unisse tous deux.

OUKEA (*à Hirza.*)

On doit beaucoup sans doute à son noble courage :
Mais, s'il faut avec lui qu'un nœud sacré t'engage ;
Du droit de commander nous privons ton époux.

HIRZA.

De ce frivole droit il sera peu jaloux.
(*A Monréal.*)
Mon cœur est le seul prix où ton amour aspire ;
Il est digne du tien, ce cœur doit te suffire.
Si l'on reconnoît mal les efforts de ton bras,
Redouble de vertu pour punir des ingrats.
Mon pere, unique objet pour qui coulent mes larmes,
Pardonne si ce jour a pour moi tant de charmes ;
Ton sang fumoit encore, il falloit un vengeur,
Et je voyois l'espoir prêt à fuir de mon cœur :
Nos Dieux ont secondé l'amour & la nature ;
Laisse-moi m'enivrer d'une volupté pure :
Daigne approuver un nœud qui m'unit pour jamais
A l'Ami qui te venge, au Héros que j'aimois.

OUKEA.

Penses-tu que Thamar exauce ta priere ?

Nos freres tous sanglans, épars sur la poussiere;
Des ombres de la mort s'élévent contre nous:
Crains d'attirer sur toi les traits de leur courroux.
Ainsi qu'à ce François tu leur dois la victoire;
Viens donc par un trophée honorer leur mémoire.
De leurs mânes plaintifs appaise les clameurs:
Tu sais que tu leur dois des soins consolateurs.

HIRZA.

Ah! crois que cet oubli n'étoit pas volontaire.
Tu fais luire à mon cœur un rayon qui l'éclaire.
(*En montrant Monréal.*)
O mon cher Oukéa, tu l'aimois autrefois;
Toi, qui viens d'admirer sa gloire & ses exploits,
Oses-tu me blâmer d'avoir un cœur sensible?
Peux-tu combattre encore un penchant invincible?
(*A part.*)
Hélas! pour un moment qui suspend mon bonheur,
Je ne sais quel effroi vient pénétrer mon cœur....
(*A Monréal.*)
Ami, nous reviendrons sous de meilleurs auspices
Aux Dieux de nos climats offrir des sacrifices:
Et sur ce tombeau même élévant leurs autels,
Nous rendrons nos sermens encor plus solemnels.

(*Elle sort suivie des Guerriers & des femmes sauvages.*)

SCENE III.

MONREAL, HIASKAR.

MONREAL.

BRAVE Hiaskar, tu vois que mon bonheur s'apprête.
Soyons toujours unis. Suivons leurs pas.

HIASKAR.

Arrête.
Tout le cœur d'Hiaskar va s'ouvrir à tes yeux.
Monréal léve au Ciel un front victorieux,
Je l'honore. Eſt-il vrai que ſon ame attendrie
Aux priſonniers François vouloit ſauver la vie ?

MONREAL.

Sans doute....

HIASKAR.

Je le blâme, & je le plains.

MONREAL.

Pourquoi ?

HIASKAR.

On a juré ſa mort.

MONREAL.

On l'oseroit ! Qui ?

HIASKAR.

Moi.

Si ton ambition dès ce jour ne s'arrête,
Cette hache à mes pieds fera tomber ta tête.

MONREAL.

Je t'ai cru mon ami.

HIASKAR.

Si je t'aimai jamais,
Je fus juste. Aujourd'hui je t'admire, & te hais.

MONREAL.

Qui peut donc m'attirer ta haine & ta menace ?

HIASKAR.

Mon amour pour les miens, ma vertu, ton audace.
Quoi ! malgré nous, d'Hirza tu deviendrois l'époux !
Toi, notre Chef !

MONREAL.

Eh bien ! en serois-tu jaloux ?

HIASKAR.

Je rougis qu'un François ose aspirer à l'être.

MONREAL.

Nul ici, plus que moi, n'en eſt digne peut-être.

HIASKAR.

Ton orgueil le prétend.

MONREAL.

Ma valeur fait mes droits.

HIASKAR.

De ta foi quels garants avons-nous?

MONREAL.

Mes exploits.

HIASKAR.

Le Soleil de l'Europe éclaira ta naiſſance,
Et tu viens dans ces lieux t'armer pour ma défenſe,
Et ce ſont des François qui tombent ſous tes coups!
Tu fus traître envers eux, tu dois l'être envers nous.
Loin de juſtifier le courroux qui t'anime,
Tous nos cœurs en ſecret frémiſſent de ton crime.
Moi-même, ſi j'ai pû, ſenſible à ton malheur,
Forcer long-tems mes yeux à te voir ſans horreur,
Je reſpectois en toi, non ce bras qu'on renomme
Et qui trahit les ſiens, mais l'ami d'un grand homme,

Mais l'ami d'un Héros la terreur des François,
De Thamar, qui sans doute ignora tes projets,
De Thamar, que j'ai plaint, que ton feu déshonore,
Et qui t'en puniroit, s'il respiroit encore.

MONREAL.

Va, Thamar étoit juste; il connoissoit mon cœur,
Il savoit d'un ami respecter le malheur;
Il ne verroit en moi qu'un fils qui venge un pere.
Ne crois pas que, ta haine excitant ma colere,
Je cherche à repousser des traits injurieux.
Ma gloire & mon amour sont un crime à tes yeux.
Si ton cœur fut jaloux d'un heureux avantage,
Il falloit au combat surpasser mon courage,
Pour mériter Hirza vaincre ses ennemis,
Et d'un joug assuré délivrer ton pays.

HIASKAR.

Oses-tu rappeller ton crime & tes services?
Vois-tu ce sein couvert de nobles cicatrices?
Si le cœur qu'il renferme à tes yeux est jaloux,
C'est de te punir, toi, qui veux régner sur nous.
Toi, qui devrois cacher ton front dans la poussiere,
Esclave, as-tu pensé qu'une ame libre & fiere
Trembleroit sous le poids de ton autorité?
Le bonheur d'un Sauvage est dans sa liberté:

Elle eſt d'un prix pour nous, que tu n'as pû connoître.
Du jour que tu naquis, tu rampas ſous un maître.
Ta valeur à mes yeux ne te rend pas plus grand.
Tu n'as ſu qu'obéir, tu ſerois un tyran.

MONRÉAL.

J'écoute avec mépris ce diſcours qui me brave;
C'eſt le lâche qui rampe & qui ſeul eſt eſclave.
Un cœur tel que le mien, qui ſait braver la mort;
Peut obéir aux Rois & commander au ſort:
Né ſujet, il n'a point ta farouche rudeſſe;
Mais comme il eſt ſans crainte, il fléchit ſans baſſeſſe.
Toi, dont l'orgueil ici veut m'impoſer des loix,
Tu crus que Monréal trembleroit à ta voix.
Tu le verras aux pieds d'une épouſe adorée,
Former ici les nœuds d'une chaîne ſacrée;
Et, ſi ton cœur encor peut en être jaloux,
Par de nouveaux exploits mériter ton courroux.

(*Il ſort.*)

SCENE IV.

HIASKAR *ſeul.*

MORTEL préſomptueux, tu crois braver ma haine:
Tremble; elle eſt à ſon comble, & ta mort eſt certaine.

SCENE V.

OUKEA, HIASKAR.

HIASKAR *à Oukéa.*

VAINEMENT j'ai parlé ; l'indigne Monréal
Soupçonne ma franchise & me croit son rival.
Si je n'eusse écouté que ma juste colere ,
J'aurois de ses soupçons puni le téméraire.

OUKEA.

Il doit l'être , il le faut ; mais par un autre bras.
Ecoutons le François qui marche sur mes pas.
C'est ce fier prisonnier dont la valeur hautaine.
A fait long-tems flotter la victoire incertaine :
C'est le seul , après toi , digne de nous venger :
A punir Monréal je prétends l'engager.

SCENE VI.

Les mêmes ; MONRÉAL, PERE ; UN FRANÇOIS *qui porte un Calumet & des Colliers* ; VIEILLARDS.

MONRÉAL, *pere.*

Courageux Illinois, une étroite alliance
Fut autrefois jurée entre vous & la France.
Fontalbar excita l'ouragan furieux,
Qui porta, malgré moi, le ravage en ces lieux :
Vous lui vendîtes cher sa derniere victoire,
Mes yeux l'ont vu mourir dans le champ de la gloire.
Et moi, pour vous rouvrir le cœur de nos François,
Le Calumet en main je vous portois la paix ;
Ma bouche l'annonçoit. Vos flèches meurtrieres
Autour de moi soudain ont fait tomber mes freres.
Le bruit jusqu'en Europe en ira retentir.
Prévenez-en l'éclat par un prompt repentir.
Du Monarque François n'armez point la colere ;
Vous étiez ses enfans, il vous aimoit en pere :
Son tonnerre pourroit foudroyer vos climats ;
Mais du haut de son trône il vous ouvre ses bras.

Laissez fleurir la paix dont je vous offre un gage,
Et venez reposer sous son heureux ombrage.

OUKEA.

Cet ombrage nous cache un appas dangereux.
Le François nous connoît simples & généreux;
Et s'il vient nous flatter, c'est pour mieux nous détruire,
Incertain de nous vaincre, & sûr de nous séduire.

HIASKAR.

Sans le triste abandon de nos Dieux en courroux,
Sans ces glaives tranchans inconnus parmi nous,
Et vos barbares Dieux, ministres des tempêtes,
Et ces foudres brûlans qui grondent sur nos têtes,
Crois-tu qu'impunément, mortel audacieux,
Je t'aurois vu jamais mettre un pied dans ces lieux?
Déja le Canada balance la victoire.
Notre intrépidité fait seule notre gloire;
Seule elle arrêtera la fougue des François;
Et ces foibles rameaux, dépouilles des forêts,
Briseront dans leurs mains les flèches du tonnerre,
Domteront leur orgueil & vengeront la terre.
Tu crus nous mettre aux fers, cesse de t'en flatter.
Ton art a pu nous vaincre & non pas nous domter.
Tu vois que Fontalbar, dont l'audace est punie,
En efforts impuissans y consuma sa vie.

Que nous veux-tu ? Pourquoi désoler nos climats ?
Cette terre est à nous : creuse-la sous tes pas,
Vois-y les ossemens de nos braves ancêtres,
Ils attestent assez quels en sont les vrais maîtres.
De quel droit viens-tu donc habiter nos déserts ?
Allons-nous vous troubler au bout de l'univers ?
Enfans de l'Océan, élevés sur ses ondes,
De vos bras étendus vous pressez les deux mondes.
Souvent le chêne altier, dont le front touche aux cieux,
Ebranlé par les vents est tombé sous mes yeux.

MONRÉAL, *pere.*

Téméraire, oses-tu, dans ta coupable audace,
Me prodiguer ainsi l'injure & la menace ?
Si du fond des tombeaux s'élevoient vos aïeux,
Qu'ils rougiroient pour vous à l'aspect de ces lieux !
Tout y retrace encor, malgré votre inconstance,
Nos travaux, nos bienfaits & leur reconnoissance.
Ici, du Canada les Peuples réunis
Pour arbitre suprême ont reconnu Louis :
C'est ici qu'ils venoient, à leurs sermens fideles,
Réclamer tous les ans ses bontés paternelles,
Quand, moins ingrats que vous, ils savoient mériter
Qu'au rang de ses enfans il daignât les compter.
Je les revois ces lys, je vois ces caracteres

Imprimés sur l'airain & si chers à vos peres :
Au pied de ce rocher, voilà ces monumens,
Ces Autels de vos Dieux garants de vos fermens :
Devant eux, devant moi baissez les yeux, parjures !
C'est ici que la Salle, en bute à vos injures,
Se vit trahi par vous : là, furent ses vaisseaux
Par la hache entr'ouverts, engloutis dans les eaux.
Combien le sang François a-t-il rougi la terre
Depuis que Fontalbar chez vous porta la guerre !
Ingrats, pourquoi confondre, en votre horreur pour lui,
Un Peuple qui vous aime & qui fut votre appui ?
Hélas ! de ce cruel j'éprouvai la furie ;
Il voulut m'arracher & l'honneur & la vie,
Me plongeant dans les fers où j'ai langui cinq ans.
Il immola mon fils à ses ressentimens.
On m'a rendu l'honneur & ce jour qui m'éclaire,
Foible soulagement pour un malheureux pere !
Oublions, Illinois, dans le sein de la paix,
Vos malheurs & les miens, sa honte & ses forfaits.

OUKEA.

Nous sommes délivrés d'un Tyran que j'abhorre.
Il en est un pour nous plus dangereux encore.

HIASKAR *à Oukéa.*

Je veux, s'il doit tomber, que ce soit sous mes coups.

OUKEA, *bas à part.*

Tu porterois le trouble & la mort parmi nous.
Laiſſe fondre ſur lui l'orage qui s'apprête.
Ce n'eſt qu'un ennemi qui haſarde ſa tête.
(*A Monréal, pere.*)
Veux-tu ſauver les tiens & venger ton pays ?

MONRÉAL, *pere.*

Sans doute.

OUKEA.

Tu le peux ; mais écoute à quel prix.
Connois-tu l'Ennemi, dont la haine implacable,
Plus que la nôtre encore, eſt pour toi redoutable ;
Et qui, par ſon adreſſe, aſſurant le ſuccès,
Nous guidoit au combat ?

MONRÉAL, *pere.*

Quel eſt-il ?

OUKEA.

Un François.

MONRÉAL, *pere.*

Un François contre nous leve un bras parricide,
Et je peux l'en punir ; il mourra le perfide.

OUKEA.

De l'aſtre de la nuit quand le pâle flambeau
Luira ſur ces rochers, viens près de ce tombeau ;

Pour épouser Hirza, c'est-là qu'il doit se rendre.
Si tu l'oses combattre, arme-toi, viens l'attendre:
Attaque avec valeur ce jeune audacieux,
Reproche-lui son crime & qu'il meure à tes yeux.

HIASKAR.

François, que ce combat va te couvrir de gloire!
Ton Rival en ce jour a fixé la victoire,
S'élançant le premier, par un heureux effort,
Sur ces bouches de feu qui vomissent la mort:
Votre Chef autrefois osa lui faire injure,
Il s'est vengé sur vous.

MONRÉAL, *pere.*

Le lâche! le parjure!
Quel est-il ce Guerrier, qui prompt à murmurer,
Pour servir son pays ne sait rien endurer?
O faux instinct de gloire! ô France! ô ma patrie!
Faut-il par tes enfans te voir ainsi trahie!
Hélas! que leur constance égale leur valeur,
Tout fléchira bientôt sous ta vaste grandeur!
Si je n'expire ici de la main de ce traître,
Crois que je vengerai mon pays & mon Maître.
Heureux! si son trépas frappe d'un juste effroi
Quiconque auroit trahi sa patrie & son Roi.

Fin du second Acte.

ACTE III.

SCENE PREMIERE.

MONRÉAL, *fils*, *ſeul.*

HIRZA ne paroît point... Quel obſtacle l'arrête?
Veut-on ſuſpendre encor notre hymen qui s'apprête ?
Quand l'amour, la victoire ont comblé tous mes vœux,
J'éprouve un ſentiment pénible, douloureux.
Hiaskar m'accablant de ſa fierté farouche,
S'offre ſans ceſſe à moi le reproche à la bouche;
Ainſi de mes exploits la honte eſt donc le prix?
Juſte & fatal objet du plus affreux mépris,
J'inſpire & je reſſens l'horreur & l'épouvante.
Pour l'Auteur de mes jours quand mon ame tremblante
Veut de ſon triſte ſort pénétrer les ſecrets,
Je friſſonne & recule à l'aſpect d'un François.

Je ne ſais quelle voix, en m'effrayant, me crie :
Rends moi compte du ſang qu'a verſé ta furie.
Ah ! cruel Fontalbar ! tu fis tout mon malheur...
Mais pourquoi de mon crime exagérer l'horreur ?
Eſt-ce à moi d'en rougir ? Il étoit néceſſaire.
Je punis des ingrats, je te venge, ô mon pere !
Mon hymen accompli, je vole à ton ſecours ;
Et ſi tu vis encor, je réponds de tes jours.

SCENE II.

OUKEA; MONRÉAL, *pere* ; MONRÉAL, *fils*.

OUKEA, *à Monréal, pere.*

Du haut de ces rochers j'aurai ſur toi la vue.
La fille de Thamar, au Conſeil retenue,
Ne ſauroit avant moi reparoître en ces lieux,
Et le François lui ſeul doit s'offrir à tes yeux.
Va combattre.

SCENE III.

MONRÉAL, *pere*; MONRÉAL, *fils*.

MONRÉAL, *fils*.

Quel bruit vient de ſe faire entendre ?
Il redouble.... Ecoutons.

MONRÉAL, *pere*.

C'eſt-là qu'il doit ſe rendre :
C'eſt-là que dans ſon ſang je plongerai mon bras.
Voyons ſi le perfide a devancé mes pas.

MONRÉAL, *fils*.

Dans ſon ſang.... Eſt-ce moi qui ſerois ce perfide ?
Je ne ſais, à l'aſpect de ce lâche homicide,
Je ſens pâlir mon front & palpiter mon cœur.
Eſt-ce à moi d'éprouver cette indigne terreur ?
Avançons. Eſt-ce moi que tu cherches ?

MONRÉAL, *pere*.

Oui, traître.

MONRÉAL, *fils*.

Cette voix que j'entends, je crois la reconnoître.

MONRÉAL, *pere, mettant le ſabre à la main.*

A ſon horreur pour toi, reconnois un François,
Ton Général.

MONRÉAL, *fils.*

O Ciel! tu combles mes ſouhaits!
(*Mettant le ſabre à la main & s'adreſſant à lui.*)
A ma juſte fureur rien ne peut le ſouſtraire;
Indigne Fontalbar, qu'as-tu fait de mon pere?

MONRÉAL, *pere.*

Son pere! Fontalbar! me ſerois-je trompé?

MONRÉAL, *fils.*

Tu l'as chargé de fers.

MONRÉAL, *pere.*

Dieu! quel jour m'a frappé!

MONRÉAL, *fils.*

Tu l'accablas d'affronts, tu proſcrivis ma tête;
Mon bras va t'en punir.

MONRÉAL, *pere.*

Arrête.

MONRÉAL, *fils.*

Meurs.

MONRÉAL, *pere.*

Arrête.

De Fontalbar en moi reconnois-tu les traits ?

MONRÉAL, *fils.*

Non.... Mais mon cœur frémit... Cruel, de tes forfaits

Sans doute... Qui peut donc retenir ma colere ?

Toi-même tu gémis....

MONRÉAL, *pere.*

O trop malheureux pere !

Ai-je pu mettre au jour un ſi coupable fils ?

MONRÉAL, *fils, jettant ſon ſabre.*

Moi, votre fils ? ah Dieux !....

MONRÉAL, *pere.*

Il m'émeut.... J'en frémis !

Ah ! que n'ai-je plutôt par la mort la plus prompte
Effacé dans ton ſang tes forfaits & ma honte !
Mon bras à ton aſpect eût-il dû s'arrêter ?
Je devois te punir & non pas t'écouter,
Traître ! Par cent aïeux l'honneur & le courage
Dans mes veines tranſmis furent mon ſeul partage :
Et ce ſang qui n'avoit coulé que pour mon Roi,
Ce ſang qui fut ſi pur, eſt donc ſouillé par toi !

Par toi, cruel ! ô honte ! ô fureur ! ô supplice !
Et je suis en ce jour ton Juge, ou ton complice !
Il faut, ou t'immoler....

MONRÉAL, *fils.*

Eh bien ! que tardez-vous ?
Je serai trop heureux de mourir par vos coups.
Il est vrai que ma main, pour vous sauver la vie,
Combattit Fontalbar, & non pas ma patrie.
Mais si mon zele aveugle a pu trahir vos vœux,
Si j'ai fait le malheur d'un pere vertueux,
D'un sang trop criminel ne soyez point avare,
L'honneur le veut, frappez.

MONRÉAL, *pere. En laissant tomber son épée.*

Eh ! le puis-je, barbare ?
Ah ! que n'as-tu d'abord irrité mes fureurs ?
Que ne m'as-tu caché tes remords & tes pleurs ?

MONRÉAL, *fils.*

Eh bien ! s'il est ainsi, mon attente est remplie.
Que votre bras s'apprête à m'arracher la vie.
Il faut à vos regards dévoiler mes secrets :
Vous ne savez encor que mes moindres forfaits.
Regardez cet Autel. Ici ma bouche impie
A juré d'oublier mon culte & ma patrie ;

Et ſur ce même Autel, & dans ce même inſtant,
Sans vous, je me liois par un nouveau ſerment.
Du feu le plus ardent mon ame eſt dévorée.
J'ai fait mon Dieu d'Hirza, je l'ai ſeule adorée,
Et dans mon cœur encor, ni vous ni mes remords,
Ne pouvez de l'amour balancer les tranſports.
Un jour affreux me luit dans le fond de l'abîme;
Mais mon cœur s'y complaît; j'aime juſqu'à mon crime;
Je le préfére au Ciel, à ma patrie, à vous:
Et ſi ce n'eſt aſſez pour mériter vos coups,
Que par pitié du moins votre bras nous délivre,
Vous des affronts d'un fils, moi de l'horreur de vivre.

MONRÉAL, *pere.*

Qu'entends-je? je frémis! Quoi! tu peux à mes yeux
Inſulter dans ta rage & la terre & les Cieux!
D'un amour inſenſé ton ame poſſédée,
De ton Dieu, de ton Prince auroit perdu l'idée?

MONRÉAL, *fils.*

Frappez donc: vengez-vous de tous mes attentats;
Vous les connoiſſez.

MONRÉAL, *pere.*

Non, non, je ne te crois pas:

Ton amour te trompoit. Quoiqu'en effet coupable,
Ton cœur de tant d'horreurs ne peut être capable;
Et l'univers entier l'affirmeroit en vain.
Mon fils n'a point perdu tout ſentiment humain.
Si tu mis dans l'oubli ton culte & ta patrie,
Je t'en ai vu gémir; & ton ame attendrie,
Contre un amour fatal luttant avec effort,
Déteſtoit ſa foibleſſe & demandoit la mort.
Va, tu triompheras d'une funeſte flamme.
J'ai vu le repentir dans le fond de ton ame,
Je l'y retrouve encor, il redouble à ma voix,
Et la nature enfin va reprendre ſes droits:
Oui, ton cœur eſt ſenſible aux larmes de ton pere:
Ce ſoupir adoucit l'excès de ſa miſere.
Hélas! tu n'as que trop, par une folle ardeur,
Affligé ſa tendreſſe & déchiré ſon cœur:
L'abandon malheureux où ton ame s'oublie,
Ne fait que trop déja le tourment de ſa vie:
Songe qu'en prolongeant l'horreur de ſon deſtin,
Tu lui portes, mon fils, un poignard dans le ſein.
Mais ton ſilence accroît la douleur qui me preſſe.
Il faut ou que ma vie, ou que ma honte ceſſe.
Ton pere ne peut point ſurvivre à ſon honneur.
Cruel! rends-moi mon fils, ou m'arrache le cœur.

MONRÉAL.

MONRÉAL, *fils.*

Hélas ! avec bonté daignerez-vous m'entendre ?
Ce fils que vous cherchez, l'honneur va vous le rendre.
Mais pourquoi ? mais comment étouffer mon amour ?
Il peut avec l'honneur s'accorder en ce jour.
Que dis-je ? Il va servir à vous, à ma patrie :
C'est lui qui fit mon crime, & c'est lui qui l'expie.
En épousant Hirza, je commande en ces lieux :
Souffrez que cet hymen s'accomplisse à vos yeux.
La paix réunira ces peuples à la France :
Vous verrez mes exploits passer votre espérance ;
Vous verrez si ma gloire. . . .

MONRÉAL, *pere.*

Insensé, que dis-tu ?
Si tu connois un Dieu, ta gloire est la vertu.
Quoi ! c'est ici l'Autel où ta bouche parjure
Veut encor blasphémer l'Auteur de la nature !
Quoi ! ces Dieux recevroient tes sermens & les siens !
Moi, je verrois former de si honteux liens !
Mais, malheureux ! sais-tu que ce peuple sauvage,
Par mépris pour nos mœurs, met à profit ta rage ?
Sais-tu qu'ici sur-tout, un traître fait horreur ?
Qu'on se sert de ton bras en détestant ton cœur ?

Que, pour rompre les nœuds de cet hymen impie,
Hiaskar cette nuit dut t'arracher la vie ;
Mais qu'un autre a voulu prévenir son dessein ?

MONREAL, *fils.*

Quel autre ?

MONREAL, *pere.*

Moi. Sais-tu pourquoi j'ai sur mon sein
De la foi des Chrétiens ce respectable gage,
Cette croix, dont mon Prince honora mon courage ?
Apprends que Monréal fit serment de punir
Quiconque en sa présence oseroit les trahir.
Et tu veux, malheureux ! qu'il voye une infidelle,
Epouse d'un Chrétien plus idolâtre qu'elle !
Tu crois qu'il souffriroit un si sanglant affront ?

MONREAL, *fils.*

Vous voyez la rougeur qui me couvre le front.
Si je n'ai pas d'un pere épuisé la tendresse,
Pour la derniere fois pardonnez ma foiblesse.
J'abjure mon amour, mes transports, mes combats ;
Que vous faut-il encor ?

MONREAL, *pere.*

Que tu suives mes pas ;
Que l'honneur, la vertu renaissant dans ton ame,

En écartent l'objet d'une coupable flamme;
Qu'un ferme repentir t'élève jusqu'à moi;
Que tu serves ton Dieu, ta Patrie, & ton Roi;
Et que tu fasses voir, par des faits magnanimes,
Que les grandes vertus effacent les grands crimes.

SCENE IV.

Les mêmes, HIASKAR, OUKEA.

OUKEA.

C'EST trop attendre; enfin, sachons quel est son sort.
(*A Monréal*, *pere.*)
François, je te revois; Monréal est donc mort?

MONREAL, *pere.*

Mon fils, vous l'entendez?

OUKEA.

Que dis tu? Toi, son pere?

MONREAL, *fils.*

Sans doute; & mes remords ont fléchi sa colere.

MONREAL, *pere.*

(*A Hiaskar.*)
Toi, guerrier valeureux, qui, jurant son trépas,
L'eusses voulu combattre, au défaut de mon bras,

Si ta haine naquit de l'horreur de son crime ;
Elle cesse en voyant le remords qui l'anime.
Et vous, avec la paix recevez nos adieux.

HIASKAR.

François, j'aime à t'entendre, & pour te prouver mieux
Que nous savons répondre à tes offres sinceres,
Nous devions immoler nos prisonniers, tes freres ;
Ils te seront rendus : mais Thamar veut du sang ;
Livre-nous le François qui déchira son flanc.
Par un serment d'Hirza pour nous inviolable,
La mort des prisonniers, ou celle du coupable,
De l'ombre de Thamar doit appaiser les cris.

MONREAL, *pere.*

Tu dis que les François sont libres à ce prix ?

HIASKAR.

Oui.

MONREAL, *pere, à Oukéa.*

Vous approuvez donc ce qu'il vient de me dire ?

OUKEA.

Tu reçois sa parole ; elle doit te suffire.

MONREAL, *pere.*

Thamar va s'appaiser. Faites venir Hirza.

HIASKAR.

Que dis-tu ?

MONREAL, *pere.*

Vous voyez la main qui l'immola.

MONREAL, *fils.*

Hiaskar, Oukéa, gardez-vous de l'en croire.
Non, vous ne ferez point cette tache à ma gloire,
(*Reprenant ſon ſabre.*)
Non ; ma fureur, portée aux plus ſanglants éclats,
Oſeroit tout ici pour venger ſon trépas.
Vous m'entendez ; craignez .....

MONREAL, *pere.*

Arrêtez, téméraire.

MONREAL, *fils.*

Qui ? moi !

MONREAL, *pere.*

Reſpectez mieux la volonté d'un pere.

MONREAL, *fils.*

Vous voulez qu'à mes yeux, pour prix de mes bienfaits,
Ils vous percent le cœur ! Ne l'attendez jamais.

MONREAL, *pere.*

Et tu veux donc, toujours perfide à ta Patrie,
Que tes Concitoyens pour moi perdent la vie ?

MONREAL, *fils.*

Quoi ! pour un ſang obſcur ...

MONREAL, *pere.*

Qu'entends-je ? juſtes Cieux !
Un ſang cher à la France eſt obſcur à tes yeux !
Quoi ! le ſang des ſoldats ! quand j'en dois être avare,
Je le prodiguerois ! malheur à tout barbare
Qui ne voit dans les ſiens, quand ils ſont ſous ſes loix,
Qu'un inſtrument ſervile & fait pour ſes exploits !

OUKEA, *à Monréal, pere.*

Que ta voix au Conſeil vienne ſe faire entendre.

MONREAL, *fils.*

C'eſt-là que, malgré vous, je prétends vous défendre.

HIASKAR, *à Monréal, pere.*

De ta haute vertu que mon cœur eſt jaloux !
François, tu méritois d'être né parmi nous.

Fin du troiſieme Acte.

ACTE IV.

SCENE PREMIERE.

HIRZA, HIASKAR.

HIRZA.

Eh quoi ! ce meurtrier cruel & ſanguinaire,
Que ma bouche a juré d'immoler, c'eſt ſon pere !
Quoi ! grands Dieux ! quoi ! Thamar eſt tombé
ſous ſes coups !

HIASKAR.

On craint que Monréal, dans ſes tranſports jaloux,
Ne s'arme pour un pere & ne briſe ſa chaîne.
Du Conſeil contre lui tu vois la ſourde haine.
La crainte d'être en bute à la fureur des Dieux,
Ou ſouillera ton bras de ce meurtre odieux,
Ou d'un peuple crédule armant le zele impie .....

HIRZA.

Va, je ſens mon malheur, & j'abhorre la vie.
Va, ſi je m'en croyois, dans ce cœur déchiré
Cent fois j'aurois plongé mon bras déſeſpéré.
Fais venir Monréal. Que je ſuis malheureuſe!
Ma haine a dû bleſſer ton ame généreuſe.
Quand le don de mon cœur n'eſt plus en mon pouvoir,
Quand tu peux te venger, toi ſeul es mon eſpoir.

HIASKAR.

Ne crains rien d'Hiaskar, il n'a point tes foibleſſes:
Eſt-il fait pour l'amour & ſes molles tendreſſes?
Son cœur, dont rien jamais n'abaiſſa la fierté,
Ne vit que pour la guerre & pour la liberté.
Il aimeroit pourtant ton orgueil, ton courage,
Et le ſang de Thamar, & ce noble avantage
De voir nos Compagnons, ſecondant ſes exploits,
S'occuper de ſa gloire & marcher ſous ſes loix.
Adieu. Ton cœur, Hirza, m'étoit bien dû peut-être;
Et j'en ſerois jaloux, ſi le mien pouvoit l'être.

HIRZA.

Je rends grace à ton zele, ami trop généreux.

SCENE II.

HIRZA *seule.*

HÉLAS ! fut-il jamais un sort plus malheureux ?
La hache de la mort a fait tomber mon pere ;
Et, mon cœur s'abreuvant de sa douleur amere,
J'ai vu les Illinois vaincus, humiliés,
Détourner loin de moi leurs regards effrayés.
Il falloit qu'un François, embrassant ma défense,
S'immolât tout entier au soin de ma vengeance :
Il falloit que l'amour, plus puissant que nos Dieux,
Armât contre les siens son bras victorieux :
Lui, qui par ses bienfaits dut enchaîner mon ame,
Hélas ! sait-il quel prix je réserve à sa flamme ?
Il me faut, renonçant au plus tendre lien,
Quand il venge mon pere, assassiner le sien.
Dieux ! quelle sombre horreur de mon ame s'empare !
Monréal, tu verras ton amante barbare,
Insensible à tes pleurs, sourde à tes cris affreux,
Traîner sur ce tombeau ce vieillard malheureux ;
Et, levant sur son sein la main qui te fut chere,
Faire jaillir sur toi tout le sang de ton pere !

Avant de l'accomplir ce ferment plein d'horreur,
Tombe fur moi la foudre & le Ciel en fureur!
Pourquoi facrifier l'amour à la nature ?
Eft-il donc moins honteux d'être ingrat que parjure?
Que dis-je ? j'ai juré d'adorer mon amant;
Et Monréal enfin eut mon premier ferment. :...
Ah! que de maux affreux vont fondre fur ma tête!
Mais fi je prévenois le malheur qui s'apprête.....
Thamar peut voir encor fes mânes fatisfaits.
Je tiens en mon pouvoir les prifonniers François;
Ils font nos ennemis, il faut qu'on les immole;
Tout leur fang répandu dégage ma parole;
J'appaife mon amant, & mon pere, & les Dieux.
Si-tôt que de l'hymen j'aurai formé les nœuds,
J'accomplis mon ferment. Ombre chere & facrée,
Pardonne ce détour à ta fille éplorée.
Tu chéris Monréal, ton choix tomba fur lui;
C'eft ton vengeur, ton fils, mon amant, mon appui;
Tu renais dans fon pere; & déformais leur vie
Eft un dépôt facré que le Ciel me confie.
Mais je vois Monréal; la mort eft dans fes yeux.

SCENE III.

MONREAL, HIRZA.

MONREAL.

Ah ! pardonne aux transports d'un amant furieux.
On ne versera point le sang qui m'a fait naître :
Quelque grand à tes yeux que son crime puisse être,
Songe au moins que ce crime est l'ouvrage du sort :
Songe qu'au même instant ma mort suivra sa mort.
J'implore à tes genoux & sa grace & la mienne.

HIRZA.

Sa grace ?

MONREAL.

De ta bouche il faut que je l'obtienne.
Il faut que par mes pleurs . . . .

HIRZA.

Monréal, lève-toi.
Sais-tu que ta priere est un affront pour moi ?
Ah cruel ! est-il rien sur la Terre, au Ciel même,
Qui puisse dans mon cœur balancer ce que j'aime ?

S'il falloit prononcer entre ton pere & moi,
Tu balancerois donc à me garder ta foi ?

MONREAL.

Chere Hirza, prends pitié du tourment que j'endure :
Mon amour n'a que trop étouffé la nature.

HIRZA.

Rassure-toi. Formons un éternel lien ;
Et ton pere aujourd'hui va devenir le mien.

MONREAL.

Instant que je craignois ! ô tyrannique flamme !
Hélas ! . . . Quel ascendant elle a pris sur mon ame !

HIRZA.

Approche ; & pour jamais consacre ici ta foi,
Aux Dieux de mes ayeux, à mon pays, à moi.
Mais d'où naît, Monréal, ce trouble qui m'étonne ?

MONREAL.

Il faut que pour jamais . . . .

HIRZA.

Acheve. Je frissonne.

MONREAL.

Je ne puis . . . .

HIRZA.

Je le veux. Que vois-je? Tu frémis!
Tu détournes de moi tes regards interdits.

MONREAL.

O Dieu!

HIRZA.

Fais donc ceſſer cette horreur que j'endure.
De ton ſilence, hélas! que faut-il que j'augure?

MONREAL.

Que notre hymen étoit le plus cher de mes vœux;
Mais que dans ton amant tu vois un malheureux
Que tes yeux prévenus avoient ſçu mal connoître;
Que je ſuis un parjure, un ſacrilége, un traître;
Que perdre ce que j'aime eſt l'arrêt de ma mort,
Que mon malheur le veut, qu'il faut céder au ſort.

HIRZA.

Que ton malheur le veut! ah! que dis-tu, barbare?
Quel eſt-il ce malheur, ce ſort qui nous ſépare?
Hélas! que t'ai-je fait? pourquoi changer? mais non,
Ta crainte pour un pere égare ta raiſon.
J'ai reçu ta parole, elle eſt inviolable.
Eſt-ce de trop aimer que ton cœur eſt coupable?

Tu parles de remords, de tourmens, de forfaits ;
L'amour qui nous unit ne les connut jamais.
Cesse donc, Monréal, si tu m'aimes encore,
D'avilir à mes yeux ce que mon cœur adore.

MONRÉAL.

Cesse plutôt d'aimer un objet odieux.
Ah cruelle ! où prends-tu ce charme impérieux ;
Ce charme qui commande à la volonté même ?
Tu vois donc sans pitié mon désespoir extrême !
Si tu l'oses, réponds : qu'exiges-tu de moi ?
Je n'aime, je ne sens, je ne vis que par toi :
Ordonne & j'obéis : mais laisse à ta victime
La honte & les remords qui sont les fruits du crime.
Armé contre les miens, mon parricide bras
Ne s'est-il pas souillé des plus noirs attentats ?
Tandis qu'il fume encor du sang de ma patrie,
Aux Autels de tes Dieux tu veux qu'il sacrifie !
Je sais trop que cent fois mes sacriléges mains
Ont encensé tes Dieux, l'objet de mes dédains :
Mon cœur y répugnoit ; n'importe, il falloit plaire ;
A toi que j'idolâtre, à ton peuple, à ton pere.
L'amour faisoit mon crime, il m'en cachoit l'horreur :
Mais le devoir terrible enfin parle à mon cœur.
A ma patrie, au Ciel il faut un sacrifice :
C'en est fait.

HIRZA.

Je t'entends. Dépouille l'artifice:
Quand tu vois échouer tes vœux ambitieux,
Tu rejettes ma main, tu dédaignes mes Dieux.
On me l'avoit prédit, je n'aurois pu le croire.
L'amour n'entra jamais dans une ame ſi noire;
Non, traître, non jamais.... Quel eſt-il ce devoir,
Plus ſaint que tes ſermens, qui fait mon déſeſpoir?
Qu'oſes-tu me parler de Ciel & de Patrie?
Quoi! tu l'abuſois donc ton amante attendrie,
Alors que tu rendois un hommage impoſteur,
Un hommage à ſes Dieux, démenti par ton cœur?

MONRÉAL.

Vois par-là, vois combien mon amour eſt extrême:
Il m'a fait tout enfreindre.

HIRZA.

Il n'eſt donc plus le même,
Ingrat?

MONRÉAL.

Quoi! mon amour? ah! j'en atteſte...

HIRZA.

Qui?
Tes ſermens? tu les romps; ton Dieu? tu l'as trahi.

Tu connois mal encor l'ame d'une Sauvage :
Tu verras si son bras sait venger un outrage,
Si ton pere à son cœur est plus cher que le sien.
Traître, suis ton devoir ; je vais remplir le mien.

SCENE IV.

Les mêmes, HIASKAR, OUKEA.

OUKEA *à Hirza.*

Du Conseil des Vieillards reçois l'ordre suprême.
Fidelle à ton serment, tu dois, dès ce jour même,
Au tombeau de ton pere, immoler de ta main
Le coupable François qui fut son assassin.
Ton cœur s'y résout-il ?

HIRZA.

Si je veux qu'il périsse ?
Oui sans doute ; & je cours préparer son supplice.

SCENE V.

HIASKAR, OUKEA, MONRÉAL.

MONRÉAL *suivant Hirza qui sort.*

Arrête. Ecoute au moins. Quoi ! tu pourrois...
Ah Dieux !

Hirza,

Hirza, quoi ! de mon ſang t'abreuver à mes yeux !
(*Aux Sauvages.*)
Et vous, monſtres jaloux, quand mon malheureux pere
Eût été de Thamar meurtrier volontaire,
Tant de braves François, expirans ſous vos coups,
N'ont-ils pas appaiſé ſes mânes en courroux ?
Mais ſi ce n'eſt aſſez, ſi votre infâme rage
Eſt affamée encor de meurtre, de carnage,
Venez, tigres, venez épuiſer dans mon flanc,
Dans le flanc de ſon fils, un trop coupable ſang :
Frappez, & je rends grace à votre barbarie,
Si vous ſauvez mon pere & m'arrachez la vie.

HIASKAR.

François, tu nous vois tous honteux de ta fureur.
Nous avons dû t'apprendre à vaincre la douleur,
Souviens-t-en. Si tu peux juſtifier ton pere,
Nous allons t'écouter ; parle, mais ſans colere.
Parle.

MONRÉAL.

Eh bien ! ſi par vous autrefois adopté,
Au rang de vos Guerriers Monréal fut compté,
Lui ſera-t il permis, malheureux & coupable,
De réclamer un droit chez vous inviolable,
Le plus cher à mon cœur, le plus ſaint pour un fils ?

OUKEA, *lui donnant un collier.*

Oui, s'il ne sauroit nuire aux loix de mon pays.
Ce gage t'en assure.

MONRÉAL *remettant son épée.*

Ami, qu'à sa patrie
Mon pere soit rendu, j'offre pour lui ma vie.
Je fais plus. En son nom, je jure que son bras
Ne vengera jamais ses fers, ni mon trépas.

OUKEA.

François, nous t'approuvons de mourir pour un pere.

HIASKAR.

Venger Thamar sans doute est juste & nécessaire....

MONRÉAL *à Oukéa.*

De l'Auteur de mes jours va donc briser les fers.

OUKEA.

Tu seras satisfait. (*Il sort.*)

SCENE VI.

MONRÉAL, HIASKAR.

MONRÉAL *à lui-même.*

Après tant de revers,
Je pourrai donc....

HIASKAR.

Veux-tu m'entendre & me connoître?
Ton cœur doit m'estimer, quelque grand qu'il puisse être.
Cent fois plus que les miens j'ai vanté tes hauts faits;
Je t'aurois immolé mes plus chers intérêts,
Tout, hors ma liberté; dès que j'ai craint pour elle,
J'ai résolu ta mort & la voulois plus belle.
Mais s'il faut qu'une femme, aujourd'hui ton bourreau,
De tes jours dévoués éteigne le flambeau,
Nous avilissons trop un Guerrier intrépide.
Est-ce à toi de tomber sous un bras si timide?
Envers Thamar, Hirza dégageant notre foi,
Peut encor le venger sur d'autres que sur toi:
Laisse agir seulement le zele qui m'anime.
Le sang des prisonniers....

MONRÉAL.

Sois vrai, ſois magnanime.
Quand mon pere aujourd'hui s'eſt dévoué pour eux,
J'ai vu ton cœur frappé de ce trait généreux.
Eh! pourquoi me donner un conſeil ſi contraire
Aux vertus que toi-même admirois dans mon pere?

HIASKAR.

Pour épargner aux miens la honte de ta mort,
Pour ſauver un Guerrier, digne d'un meilleur ſort,
Hirza croit de ton pere apprêter le ſupplice;
Je cours me faire entendre, il faut qu'elle en rougiſſe;
Et bientôt Hiaskar t'épargnera l'horreur
De ſubir une mort indigne d'un grand cœur.
(*Il ſort.*)

SCENE VII.

MONRÉAL *ſeul.*

Tes vœux ſeront trompés. Oui, ſi je fus un traître,
Je vais rendre l'honneur au ſang qui m'a fait naître.
O mes concitoyens, pardonnez mes forfaits;
Je reprends les vertus & l'ame d'un François.

Fin du quatrieme Acte.

ACTE V.

SCENE PREMIERE.

HIRZA, GUERRIERS.

HIRZA.

IL faut donc l'accomplir ce funeste ferment !
Et fur qui ?... j'en frémis ! quels apprêts ! quel moment !...
Non jamais, quel que foit le devoir qui me lie,
Ma main à ce vieillard n'arrachera la vie....
Mais c'eft trop balancer.... Etouffons nos regrets...
(*Aux Guerriers.*)
Amenez en ces lieux les prifonniers François ;
Allez, amis.
(*Les Guerriers fortent.*)

SCENE II.

HIRZA *seule.*

JE sais qu'ambitieux, parjure,
Tu trahis, Monréal, la flamme la plus pure :
Je sais que tout conspire à te fermer mon cœur,
Je ne t'aimai jamais avec tant de fureur.
Et l'ingrat, abusant d'un cruel avantage,
Ose faire à mes feux le plus sensible outrage !
Le voilà donc, grands Dieux, ce cœur si bien épris,
Cet amour si constant, ce bonheur tant promis !
Le voilà ! C'en est fait : pour prix de mes tendresses,
Nos nœuds presque formés, ses sermens, ses promesses,
Tout est évanoui : malheureuse ! & mes pleurs,
Et d'un cœur déchiré les mortelles douleurs,
Et de l'amour jaloux les transports, la furie,
Le salut de son pere & le soin de sa vie,
Rien n'a pu le changer, ni même l'attendrir,
Rien n'a pu de son ame arracher un soupir.
O toi, que j'avois cru si constant & si tendre,
Cher amant ; ah ! du moins si tu pouvois m'entendre,
Si tu voyois combien il en coûte à mon cœur,

Pour remplir un ferment qui me glace d'horreur,
Par pitié pour mes maux, tu gémirois peut-être
De l'excès de ce feu que toi feul as fait naître.
Des prifonniers François quand je hâte la mort,
Tu ne l'imputerois qu'à mon malheureux fort.
Dans ces lieux cependant ils tardent à fe rendre.
Que vois-je ? Oukéa feul ! Dieux ! que vient-il m'ap-
prendre ?

SCENE III.

OUKÉA, HIRZA.

OUKEA.

Hirza, préparons-nous à de nouveaux revers.
Les prifonniers François ont tous brifé leurs fers.
De nos jeunes Guerriers follicitant le zele,
Ton amant, foutenu de leur troupe rebelle,
Vers le lieu du Confeil précipitoit fes pas ;
Il réclamoit les fiens, il excitoit leurs bras :
Tout un peuple indigné contr'eux foudain s'avance ;
Déjà la flèche vole, & le combat commence.
Des meres, s'élançant entre les deux partis,
Leur découvrent le fein qui les avoit nourris ;

Et leurs cris douloureux, leurs ſanglots & leurs larmes
Ont ému tous les cœurs & fait tomber les armes.
Dans ce déſordre affreux les priſonniers François
Auront ſu, par la fuite, échapper à nos traits;
Hiaskar les pourſuit. Monréal & ſon pere,
Des Vieillards entourés, en bute à leur colere,
Preſqu'au ſein de la mort, ſemblent d'un œil content
Enviſager l'horreur du ſort qui les attend.

HIRZA.

Quand, malgré mon ſerment, pour lui ſeul je differe
A remplir les devoirs d'un ſanglant miniſtere,
Il le voit! & le lâche a le plaiſir affreux
De me déſeſperer, de dédaigner mes feux!
Malgré ſa perfidie & ſon indifférence,
Dans le fond de mon ame un rayon d'eſpérance,
Il le faut avouer, ſoutenoit mon amour:
J'ai cru qu'un feu ſi pur le toucheroit un jour.
Quel horrible avenir mon malheur me prépare!
A quelle extrémité me réduis-tu, barbare!
Eh quoi! contre ton pere irritant ma fureur,
Tu forces donc mon bras à lui percer le cœur?

OUKEA.

Non, tu n'as plus, Hirza, de pouvoir ſur ſa vie.

C'eſt ton amant qu'il faut que ta main ſacrifie.

HIRZA.

Qu'entends-je ? qu'as-tu dit ?

OUKEA.

Par nous tous avoué,
Monréal, pour ſon pere, ici s'eſt dévoué.

HIRZA.

Monréal ?

OUKEA.

Oui, lui-même.

HIRZA.

Hélas ! tu vois mon trouble,
Pardonne ; la pitié malgré moi le redouble.
Quel coup affreux du ſort ! quel horrible ſerment !

OUKEA.

Il le faut accomplir ; ton ſalut en dépend.

HIRZA.

Quoi ! tu l'oſes penſer, que ma main ſanguinaire
Pourroit....

OUKEA.

Dans ce tombeau regarde, téméraire,
Thamar ensanglanté, menaçant, furieux,
De ta promesse ici prendre à témoin nos Dieux :
Vois tous ces Dieux, sur nous grossissant les tempêtes,
Aux foudres de l'Europe abandonner nos têtes.

HIRZA.

O mon pere, ô mes Dieux, qu'exigez-vous de moi?

OUKEA.

Ton devoir. Songes-tu qu'il a trahi sa foi,
Qu'en secret il nous hait, qu'il te trompe & t'outrage?

HIRZA.

O mânes de Thamar, soutenez mon courage!
Je vois l'abîme affreux où m'a plongé le sort.. ...
Puisqu'il s'est dévoué, ma main lui doit la mort :
Je veux du même fer, qui doit trancher sa vie,
Percer ce cœur qui l'aime avec idolâtrie :
Ma main qu'il dédaigna, que le Ciel croit punir,
Malgré le Ciel & lui, saura nous réunir.

OUKEA.

Je le vois; cache-lui le poison qui te tue.

SCENE IV.

MONRÉAL, *pere*, MONRÉAL, *fils*, HIRZA, OUKÉA, GUERRIERS, CONSEIL DES VIEILLARDS, FEMMES SAUVAGES.

HIRZA.

Quel froid pénetre au fond de mon ame abattue !

MONREAL, *fils*, *à son pere.*

Ah ! laissez-moi mourir, vous ne connoissez pas
La fureur de mes feux, mes forfaits, mes combats ;
Je vous dois mes remords, mais sans votre présence
L'amour auroit cent fois emporté la balance...
Lorsque le ciel permet que je meure pour vous,
Ne plaignez que la main qui va porter les coups.

OUKEA, *à Hirza, tenant une épée.*

Que l'aspect de ce fer redouble ta colere :
Il étoit enfoncé dans le flanc de ton pere,
Ma main l'en arracha ; fais de même en ce jour,
Arrache de ton cœur un criminel amour ;
Que tout, jusqu'à son nom, sorte de ta pensée :
Ou plutôt, s'il combat dans ton ame offensée,
Fais-en le sacrifice, il en sera plus beau.
Je dépose ce fer au pied de ce tombeau :

Teint du sang de ton pere, il soutient ta constance ;
Instrument de sa mort, qu'il serve à sa vengeance :
(*Il met l'épée sur l'autel.*)
Viens, armes-en ton bras.

MONREAL, *fils, à Hirza.*

J'ai mérité mon sort.
Frappe ; comme un bienfait je recevrai la mort.

HIRZA.

Lâche & perfide amant, nul espoir ne te reste :
Périssent dans ton sang des feux que je déteste.

MONREAL, *pere.*

Arrête, & vois sur qui doit tomber ta fureur.
Ma main tua ton pere, il en fut le vengeur.
Si la mort de Thamar à tes yeux est un crime,
Si le sang doit couler, connois mieux ta victime,
La voici. De mon fils je dégage la foi.
Mon fils sans mon aveu n'a pu s'offrir pour moi.

HIRZA.

L'un a tué mon pere, & l'autre m'a trahie :
Ma main à l'un des deux doit arracher la vie,
Je les vois d'un front calme, en attendant la mort,
Insulter l'un & l'autre à mon malheureux sort.
(*A Monréal, fils.*)

Oui, (je lis dans ton cœur,) ma douleur fait ta joie;
Tu t'abreuves des pleurs où mon ame se noie;
Et, bravant les effets de mon vain désespoir,
Tu comptes sur un feu que j'ai trop laissé voir.
Ne crois plus abuser du foible de mon ame:
Mes yeux s'ouvrent enfin. Je rougis de ma flamme,
Je déteste nos nœuds, je les romps pour jamais;
Et, plus tu me fus cher, ingrat, plus je te hais,
Plus je veux me venger... ma douleur est cruelle.
J'en mourrai, je le sens, oui; mais tremble, infidele.
(*Allant à l'autel, & prenant le poignard.*)
Mânes chers & sacrés, vous serez satisfaits.

SCENE V. *& derniere.*

Les mêmes, HIASKAR.

HIASKAR.

ARRESTE, arrête, Hirza; j'ai rempli tes souhaits.
Les François à nos coups avoient cru se soustraire:
Mais j'ai vengé sur eux les mânes de ton pere.
L'un deux, en expirant, m'a dit que Fontalbar,
(*En montrant l'épée qui est sur l'autel.*)
Lui-même, de ce glaive, avoit frappé Thamar.
(*A Monréal, pere.*)

Ainsi, brave guerrier, tu prodiguois ta vie?

MONREAL, *pere.*

Non, j'épargnois un sang utile à ma patrie.

HIRZA, *la main appuiée sur l'autel.*

Et moi qui vois la honte ou m'abaissent mes feux,
Moi qui devois remplir un serment malheureux,
Moi pour qui désormais la vie est un supplice,
Je t'aime encore, ingrat! que ce fer m'en punisse.

(*Elle se frappe.*)

MONREAL, *fils.*

Arrête, chere Hirza!.. pour te prouver ma foi...

(*Il saisit le fer.*)

MONREAL, *pere, se précipitant entre Hirza & son fils, lui arrachant le fer & le repoussant.*

Ah, mon fils!

MONRÉAL, *fils, à Hirza.*

Va, tu meurs moins à plaindre que moi.

MONRÉAL, *pere.*

Songe que ton devoir est d'aimer ta patrie,
De lui sacrifier ton amour & ta vie.
Tu vainquis une fois, en osant la trahir;
Ne t'en souviens jamais que pour la mieux servir;
Conserve cet espoir: &, si tu fus rebelle,
Tu peux si bien mourir en combattant pour elle!

FIN.

www.ingramcontent.com/pod-product-compliance
Ingram Content Group UK Ltd.
Pitfield, Milton Keynes, MK11 3LW, UK
UKHW020345180726
13839UKWH00002B/921